14,–

Advent

D1917964

Werkbücher
für Kinder, Eltern und Erzieher

Heft 2

Herausgegeben von der
Internationalen Vereinigung
der Waldorfkindergärten

ADVENT

Anregungen für die
Vorweihnachtszeit

Zusammengestellt von
Freya Jaffke

VERLAG FREIES GEISTESLEBEN

CIP - Kurztitelaufnahme der Deutschen Bibliothek

Jaffke, Freya:
Advent: Anregungen für d. Vorweihnachtszeit /
zsgest. Von Freya Jaffke. – 3. Aufl. – Stuttgart:
Verlag Freies Geistesleben, 1982.
(Werkbücher für Kinder, Eltern und Erzieher; H. 2)

ISBN 3-7725-0442-6
NE: GT

Zeichnungen von Christiane Lesch

Einband: Walter Krafft
3. Auflage 1982

Herstellung: ARPA-Druck Langnau/Zürich

Inhalt

Vorwort

Die Bilder der Weihnachtszeit sind für uns Heutige wesentlich geprägt durch die Maler des Mittelalters und durch die volkstümlichen Spiele, wie z.B. die Oberuferer Weihnachtsspiele, die von den Waldorfschulen, in den Gemeinden der Christengemeinschaft und von vielen freien Spielergruppen auch in Fabriken und Betrieben aufgeführt werden. Die Weisheit und Frömmigkeit, die in den Worten, Imaginationen, Farben und Motiven jener Zeit lebten, sprechen zum Gemüt und erweisen sich immer wieder in ihrer Zeitlosigkeit als Quellen, aus denen das moderne Bewußtsein Erneuerung und Zukunftskraft zu schöpfen vermag.

Um die Erneuerung und alljährliche Belebung des Weihnachtsgedankens geht es uns auch in diesem Werkbuch. Das Vorbereiten und Feiern von Festen, die durch alle Zeiten Höhepunkte der sozialen Lebensgestaltung waren, muß ja in unserer Zeit der Auflösung aller Traditionen neu gegriffen werden. Was können wir als sinnvolle Tätigkeit mit und für unsere Kinder beginnen, wenn die Winterabende lang werden und das Erscheinen des Lichtes in der Finsternis sich spiegeln soll in unseren Gedanken, Empfindungen und – für die Kinder das Wichtigste – in unserem Tun. Ist nicht Geschenk und Freude vorbereiten für einen anderen, ist nicht tätige Liebe in aller Einfachheit ein solcher Spiegel für das Weihnachtsgeschehen? Daß der Himmel der Ungeborenen, wie ihn Raffael in der Sixtinischen Madonna gemalt hat, aufbricht in der Nacht und der Schöpfervater sich im Licht der himmlichen Heerscharen offenbart – den Menschensohn und in ihm die Liebe selbst den Menschen schenkt? Weg vom »Weihnachtsgeschäft« und hin zum gemeinsamen Tun weist der Weihnachtsgedanke den Weg. Im Herzen jedes Menschen will diese Liebe geboren werden – und so ist das Christkind, das Geschenke vorbereitet und hingibt, nicht ein Phantom, das der Aufklärung zum Opfer fällt, sondern die in uns schaffende Liebe: wahrhaftig in der Kindheit, wahrhaftig im Bewußtsein der Erwachsenen. Da kann der Weihnachtsspruch Rudolf Steiners Wegbegleiter sein:

Im Seelenaug' sich spiegelt
der Welten Hoffnungslicht,
Dem Geist ergebne Weisheit
Im Menschenherzen spricht:
Des Vaters ew'ge Liebe
Den Sohn der Erde sendet,
der gnadenvoll dem Menschenpfade
Die Himmelshelle spendet.

Wenn es im Familienkreis, im Heim, wo Menschen Lebensgemeinschaften pflegen in der Adventszeit, geheimnisvoll zugeht, weil Groß und Klein, Kollegen und Freunde, jeder auf seine Weise dem anderen Freude und Überraschung zubereitet, dann entsteht hoffnungsvolle Weihnachtsgestimmtheit. Und schon die Kleinsten mögen etwas von ihren geliebten Habseligkeiten in ein besonderes, buntes Papier wickeln – und es gar nicht erwarten können, von den Geschenken in einem Winkel der Stube zu sprechen. Sie riechen den Duft des Gebäcks und dürfen hier und da beim Backen helfen – aber noch nicht knabbern! Das ist für Weihnachten! Nachahmend, mittuend, in ihrem Spiel es weiter ausgestaltend, vollziehen sie so den Umgang mit dem offenbaren Geheimnis der Weihnacht.

Für die größeren Kinder, die Jugendlichen und Eltern hat Freya Jaffke in diesem Büchlein Dinge zusammengetragen, die zum Selbstherstellen, zur Tätigkeit in der Adventszeit anregen können. Da ist Eltern zu danken, die aus ihrem Familienbrauchtum beisteuern, den Arbeitskreisen, die in Waldorfschulen für die Weihnachtsmärkte oft schon nach den Sommerferien zu nähen und zu werken anfangen. Besonderer Dank gilt Anke Usche Clausen und Gerda Funhoff für ihre Transparente, die so verschiedenar-

tig hergestellt sind. Die Transparente mögen in besonderer Weise anregen, weihnachtliche Wahrbilder aus der Phantasie heraus heute neu zu gestalten.
Ein besonderes und dem Gegenwartsbewußtsein erst langsam sich erschließendes Weihnachtsgeheimnis verbirgt und offenbart das Evangelium selbst: Das Lukasevangelium erzählt die Geburtsgeschichte vom Stall in Bethlehem, zu dem die Hirten kommen. Für dieses Geschehen bauen wir die Weihnachtskrippe mit den Hirten und Schafen und Ochs und Esel für die Nacht des Heiligen Abend. Das Matthäusevangelium erzählt von der Geburt im Haus, zu dem die Weisen aus dem Morgenlande kommen. Nach der Mitte der zwölf Heiligen Nächte gehen wir zu den anderen Krippenfiguren mit den heiligen drei Königen über, deren Tag am 6. Januar ist. Während Maria und Joseph auf dem Wege nach Ägypten sind und die Könige heimreisen, klingt die Weihnachtszeit ab, die im Advent vorbereitet wurde. Man sollte die beiden Krippen, das Hirtenbild und das Königsbild, nicht vermischen. Erlebt man als Kind diese zwei Bilder, wird man als Erwachsener dieses Geheimnis, das die Evangelien andeuten, befragen. Denn das Weihnachtsgeschehen hat unausschöpfbare Tiefen – aber in Bildern und Tätigkeiten können wir beginnen, es in unser Gemüt einzuschreiben. Dazu möchte dieses Buch eine Werkhilfe sein.

Helmut von Kügelgen

Adventskalender

Dieser einfache Adventskalender ist leicht von Kindern in den untersten Schulklassen, eventuell für jüngere Geschwister, herzustellen. Das langsame Näherkommen des Weihnachtssternes wird zunächst sichtbar mit eigenen Händen getan und kann später denkend erlebt und ergriffen werden.

Material: 1 Bogen Zeichenkarton Din A 3
1 Bogen Zeichenkarton ca. Din A 5

In den grossen Zeichenkarton (Hochformat) wird unten ein grosses Tor eingeschnitten.
Zum Verschliessen des Tores wird auf einem Torflügel ein Riegel mit einer Lasche aufgeklebt. Auf der anderen Seite wird nur ein Riegel an den Enden aufgeklebt, so dass die Lasche durchgesteckt werden kann.
Die Türöffnung wird mit Zeichenkarton hinterklebt, auf den das Weihnachtsbild – Josef, Maria mit der Krippe – gemalt wird.
Oberhalb des Tores werden in gleichen Abständen 23 Einschnitte gemacht, in die der Weihnachtsstern gesteckt werden kann. Dieser wandert täglich eine Stufe tiefer bis zur Krippe.
Den Weihnachtsstern aus Zeichenkarton ausschneiden und hinten einen kleinen Rie-

gel halb aufkleben. Die andere Hälfte wird in die Einschnitte gesteckt.
Die ganze Vorderseite des Kalenders mit Höhle, Himmel und Sternen bemalen.

Adventskette aus Walnüssen

Die Walnuss hat wohl in besonderer Weise eine Beziehung zum menschlichen Denken. Wir sprechen von einer »harten Nuss«, wenn es darum geht, ein schwieriges Problem zu lösen. Haben wir es dann geschafft, so werden wir mit neuen Einsichten belohnt. In der Adventszeit ist es daher sinnvoll, für die Kinder viele Nüsse durch ein Band zu verbinden. Täglich darf aber nur eine Nuss »geknackt« werden. Damit wird im Bilde angedeutet, dass es vieler Mühen und Freuden bedarf, bis dem grössten Geheimnis der Weihnachtszeit begegnet werden kann.

Material: 24 grosse Walnüsse,
Goldbronze,
ca. 3-4 m rotes Band 2 cm breit,
kleine Dinge zum Füllen

Die Nüsse mit einem Messer öffnen und die Nusskerne herausnehmen. Darauf achten, dass man die zusammengehörigen Hälften nicht vertauscht.
Die Nusshälften aussen bronzieren; trocknen lassen.
Die Nüsse füllen und anschliessend mit wenig Klebstoff so zusammenkleben, dass das Band zwischen den einzelnen Nusshälften hindurchläuft.

Beispiele für den Inhalt:
Glöckchen, Zwerg, Muschel, Schäfchen und Häschen aus gezupfter Schafwolle, Schäfer, Stehpuppe*, Bettchen mit Kind, Edelsteine, Kerze, etwas Knetbienenwachs, Glasmurmel, Sterne aus Goldfolie, Segelschiff (kl. Bienenwachskugel in den Boden drücken und ein halbes Streichholz mit Stoffsegel nach dem Öffnen der Nuss hineinstecken), Federn.
Da jeden Tag von einem anderen Mitglied der Familie bzw. von den Kindern eine Nuss abgeschnitten wird, kann auf diese oder auf besondere Tage in der Adventszeit die Füllung der Nuss voraus berechnet werden.

*Siehe »Spielzeug, von Eltern selbstgemacht«, S. 21.

Adventskalender mit Päckchen

Die Päckchen, die z.B. an einer Schnur aufgehängt sein können, enthalten Krippenfiguren und alles, was man für den Aufbau eines Krippengärtchens brauchen kann: Besondere Steine, etwas Stroh für den Krippenboden, verschiedene Zapfen, Bucheckerhüllen, Erlenfrüchte, Birkenrinde, Schneckenhäuschen. Die Reihenfolge kann so gewählt werden, dass zuerst mit den Naturdingen begonnen wird, dann Hirten und Schafe folgen und zuletzt Maria, Josef und das Kind erscheinen.

Adventskalender mit einem Krippenaufbau durch die Naturreiche

Eine Anregung für die Familie

Jeweils an einem Adventssonntag werden Dinge eines Naturreiches zusammengetragen.
Am 1. Advent ist es sinnvoll, an dem für den Krippenaufbau vorgesehenen Platz mit den schönsten Steinen, die jeder vielleicht selbst gefunden hat, zu beginnen.
Am 2. Advent folgen verschiedene Moosarten, kleine Fichtenbäumchen, Topfpflanzen und andere Gewächse.
Am 3. Advent wird die Landschaft mit verschiedenen Tieren belebt und das Krippenhaus gebaut.
Am 4. Advent beginnen Maria und Josef durch die Landschaft zu ziehen, täglich ein Stück näher dem Stall, in dem am Heiligen Abend das Kindlein erscheint.

Adventsuhr

nach Anke-Usche Clausen

Diese Adventsuhr lässt in besonders schöner Weise die Tage und Wochen der Adventszeit erleben. Sie deutet nicht mit einem Zeiger auf einzelne Symbole, sondern lässt, täglich ein wenig mehr, ein zuletzt grosses und geschlossenes Bild sichtbar werden.

Die nicht ganz leichte Herstellung der Uhr erfordert vor allem sorgfältiges Arbeiten und etwas Geduld. Mit Hilfe der Eltern können sich auch schon zwölfjährige Kinder daran wagen.

Material: 1 Bogen festes Zeichenpapier 30 : 30 cm,
1 Bogen feste Pappe 30 : 30 cm
2 Bogen festen glatten Karton 30 : 30 cm
1 Musterklammer

Auf das Zeichenpapier einen Kreis (Radius 14 cm) zeichnen. Etwa 1/6 des Kreises unten in der Mitte aussparen, den übrigen Kreisbogen in 23 Teile einteilen.

Die ganze Innenfläche nun so ausmalen, dass trotz des geschlossenen Bildes von Markierung zu Markierung immer etwas neues zu sehen ist. In das unten ausgesparte Feld wird das Krippenbild gemalt.

Links vom unteren Feld den Zeichenkarton

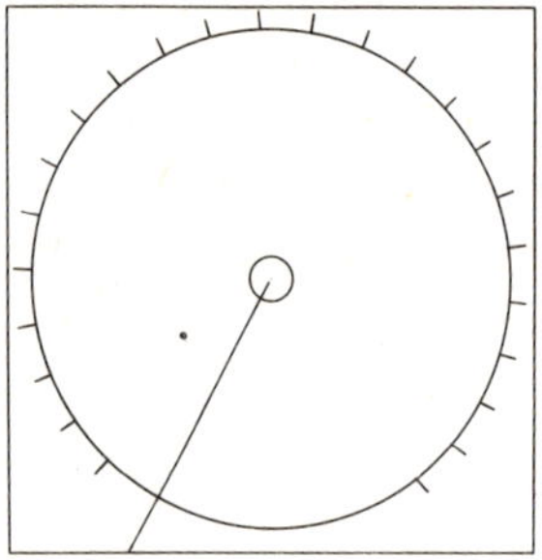

a

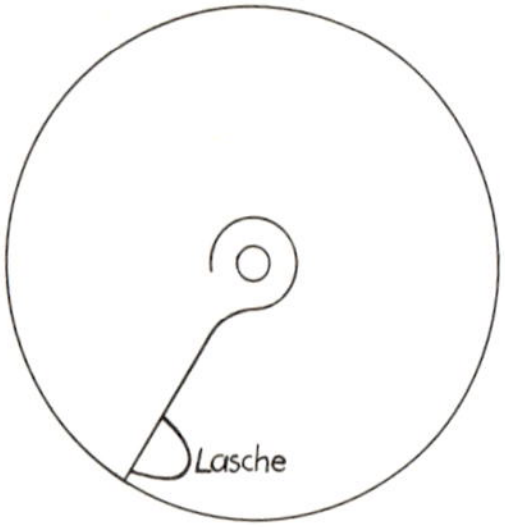

b

bis zur Kreismitte einschneiden und das Loch in der Mitte etwas vergrössern, damit sich die Musterklammer gut drehen kann (siehe Zeichnung a). Das Loch zur Verstärkung hinterkleben.

Mit einem Radius von 14,5 cm aus dem festen Karton eine Scheibe ausschneiden. So einschneiden, dass in der Mitte eine Spirale entsteht (siehe Zeichnung b). In die Mitte ein Loch für die Musterklammer stanzen. Den inneren Spiralbereich um das Loch zur Verstärkung hinterkleben.

Am linken Einschnitt der Scheibe eine Lasche aufkleben zum besseren Anfassen und Drehen.

Mit einer Musterklammer die Scheibe auf dem Zifferblatt befestigen. Beim Öffnen der Uhr verschwindet die Scheibe mehr und mehr hinter dem Zifferblatt.

Ausserhalb des Zifferblattes den Zeichenbogen auf die feste Pappe aufkleben.

Aus dem zweiten Karton einen Kreis (Radius 14 cm) herausschneiden, dann auf die bisher gefertigte Uhr auflegen und mit einem Tesabandstreifen die Ränder ringsum zusammenkleben.

Aus kleinen Goldpapiereckchen können nun die 23 Markierungen aussen aufgeklebt werden. Auf der Rückseite eine Schlaufe zum Aufhängen anbringen.

Tischlaterne

Diese einfache kleine Laterne kann schon von jüngeren Kindern gemalt und geklebt werden. Mit einem dünnen Drahtbügel und einem Stock versehen (und eventuell unter Verwendung einer grösseren Käseschachtel) ist sie auch für den Laternenumzug sehr gut geeignet.

Material: 1 kleine runde Käseschachtel
Durchmesser ca. 10 cm
1 Blatt nicht zu dickes Zeichenpapier (ca. 12 cm hoch und so lang, wie es der Umfang der Käseschachtel erfordert)
Wasserfarben und Pinsel
etwas Salatöl, Pattex zum Kleben
1 Baumkerze

Das Zeichenpapier anfeuchten und auf einem Brett oder einer Wachstuchdecke mit einem Schwamm glattstreichen.
Mit angerührten Farben grossflächig bemalen. Trocknen lassen.
Das bemalte Papier von beiden Seiten vorsichtig mit einem Lappen einölen. Gut trocknen lassen.
Die meist hohen Ränder der Käseschachtel zur Hälfte abschneiden; die Scheibe beim Deckel herausnehmen.
Auf beide Ränder der Käseschachtel und auf die inneren Papierkanten Pattex auftragen und etwas antrocknen lassen.

Zuerst die untere, dann die obere Hälfte der Käseschachtel umkleben und zuletzt die Nahtstelle zukleben.
Einen ca. 3 cm breiten, mehrfach gefalteten Alufolienstreifen unten um die Kerze wickeln, von unten zur Hälfte einschneiden, die »Strahlen« nach aussen biegen und mit Alleskleber in die Laterne kleben.

Fünfsternlämpchen

Das Fünfsternlämpchen ist besonders reizvoll herzustellen von Schülern und Eltern, welche Geometrie lieben und exakt arbeiten. Die Fünfsterne entstehen. Der Fünfstern ist das Symbol des Gestaltwerdenden Lebens. Er lässt sich immer nur annähernd genau geometrisch konstruieren.
Das Licht des Lämpchens ist z.B. sehr beliebt, wenn sich an frühen Winterabenden die Kinder zum Erzählen oder Vorlesen in der Runde versammeln.

Material: Feines Zeichen- oder
Lampenschirmpapier oder
strukturiertes Ölpapier
1 Teelicht
Zirkel oder Winkelmesser, Lineal,
Uhustift zum Kleben

Elf Fünfecke zuschneiden. Bewährte Seitenlänge: 6 cm (Winkel je 72°)
An allen Fünfecken jeweils die Seitenhalbierenden markieren, durch ganz feines Ritzen verbinden und die Ecken umfalzen.
Nun die Fünfecke so zusammenkleben, dass die umgefalzten Ecken jeweils in das Nachbarfünfeck hereinragen. Auf diese Weise entsteht in jeder Fläche ein Fünfstern. Je fünf Flächen nebeneinander bilden die obere, beziehungsweise untere Hälfte.

Am oberen Rand werden die Ecken einfach nach innen geklebt. Dies kann auch am unteren Rand geschehen, wenn man auf den Boden verzichten will. Das Teelicht lässt sich dann besser anzünden.

Kleines Krippengärtchen

So ein kleines Krippengärtchen wird von jüngeren und älteren Kindern und auch Erwachsenen sehr gerne angelegt. In dem Gärtchen lässt sich so viel Schönes aus der Natur – trotz Winterzeit – zusammentragen, dass jeder Gestaltende seine Freude daran hat. Immer wieder wird dabei das Staunen über die Wunder der Natur, z.B. über einen Kieselstein oder ein Schneckenhäuschen angeregt. Es wird auch die Empfindung dafür geweckt, dass es einer sorgsamen Vorbereitung und Einbeziehung aller Naturreiche bedarf, ehe das Kind in der Krippe erscheinen kann. Novalis hat dies einmal so ausgedrückt:

»Er ist der Stern, er ist die Sonn',
Er ist des ew'gen Lebens Bronn,
aus Kraut und Stein und Meer und Licht
Schimmert sein kindlich Angesicht...«

Kleine Kinder, die ihren Eltern oder grösseren Geschwistern beim Bereiten dieses Gärtchens zuschauen, empfinden oft die unmittelbare Lust, sich auf ihre Weise auch so ein Gärtchen anzulegen. Darin verändern und ergänzen sie dann täglich etwas und gestalten es bis zu Weihnachten immer reicher aus.

Die Kanten der Baumscheibe etwas beschnitzen oder schmirgeln. Die Oberfläche glattschmirgeln und mit Bienenwachs oder Leinölfirnis einlassen.
Etwa über die Hälfte der Scheibe am Rand entlang fünf bis sechs Löcher bohren ø ca. 0,4 cm, in welche die verschiedenen Zweige gesteckt werden.
Beliebig viele Figuren formen und in das Gärtchen stellen.

Material: Baumscheibe mit Rinde, Durchmesser ca. 15 cm, 2 cm dick;
oder
Blumen-Tonschale mit Erde und Moos gefüllt, etwas Tannengrün, Tujazweige, Hagebuttenstengel u.ä. Knetbienenwachs

Kerzenziehen

Das Kerzenziehen ist eine sehr beruhigende und beliebte Tätigkeit in der Adventszeit. Es ist schon ein Erlebnis, aus den sorgsam gesammelten und eingeschmolzenen Wachsresten nun eine neue Kerze entstehen zu sehen. Zieht der Duft des Bienenwachses durch die Räume und taucht langsam Schicht um Schicht eine blanke Kerze aus der Flüssigkeit, wird so recht das Neuwerden erlebt. Das alte Jahr schenkt seine Reste her, damit das erste Fest des jungen Jahres sein Licht erhält.
Vorsicht ist bei dem heissen Wachs und Wasserbad in jedem Fall geboten.

Material: Bienenwachs oder auch andere Kerzenreste
dickes Baumwollgarn für Dochte
Schmale hohe Büchsen (am besten Spargel- oder Würstchenbüchsen)
Topf für das Wasserbad

Die Wachsreste in die Büchse geben und im heissen Wasserbad zum Schmelzen bringen. Den Baumwollfaden kurz eintauchen, abkühlen lassen und gerade streichen. Jetzt so oft eintauchen und wieder etwas abkühlen lassen, bis der gewünschte Umfang der Kerze erreicht ist. Gelegentlich muss die sich nach unten bildende Wachsspitze mit einem Messer abgeschnitten werden. Es muss immer wieder flüssiges Wachs in die Tauchbüchse nachgegossen werden.

Die Kerze möglichst hängend völlig erkalten lassen, da sie sich im Liegen noch verformen kann.

Kerzenhalter lassen sich leicht aus Ton modellieren oder aus Holz oder Rinde schnitzen.

Faltstern aus Seidenpapier

Material: Seidenpapier
Selbstklebende Klarsicht-Buchfolie

Acht gleichgrosse Rechtecke ausschneiden z.B. mit den Seitenlängen 4 : 8 cm. Jedes Rechteck wird zu einer Zacke des Sternes wie folgt gefaltet.

Das Rechteck in Längsrichtung auf die Hälfte falten und dann wieder aufklappen.
Die vier Ecken bis zur Mittellinie umfalten, so dass oben und unten eine Spitze entsteht.
Die neuentstandenen Seiten der Spitze (a, b, c, d) auch bis an die Mittellinie falten.
Wenn alle acht Zacken gefaltet sind, können sie auf einem Stück selbstklebender Folie sorgfältig zum Stern zusammengefügt werden. Lässt man die Folie an den Zacken ca. 1 cm überstehen, so kann man damit den Stern nachher ans Fenster kleben.

Durch Veränderung der Grössenverhältnisse und Vermehrung der Zacken kann der Stern beliebig variiert werden.

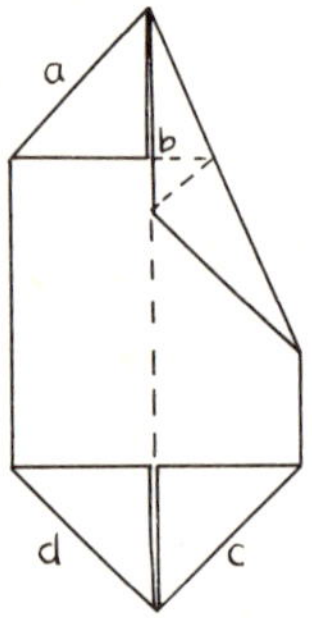

Stern aus Transparentpapier-Knoten

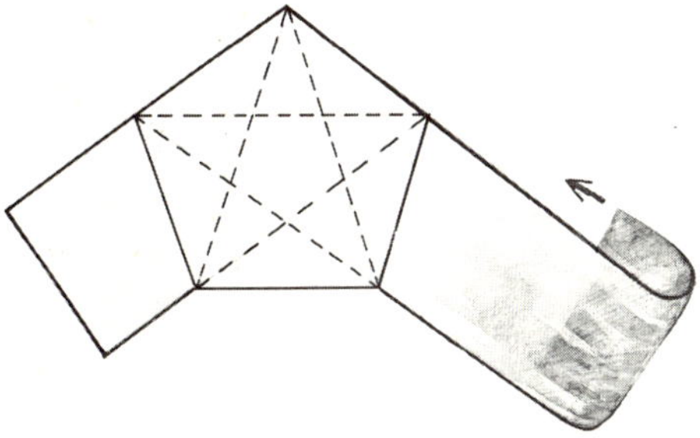

Dass in jedem Knoten das Geheimnis des uralt-heiligen Zeichens des Fünfecks, des Pentagramms, verborgen liegt, ist eine überraschende Entdeckung. Der Fünfstern, der jeder Rosenblüte eingezeichnet ist, war immer das Symbol der inkarnierten Menschengestalt. Der Engel der Verkündigung naht mit der Lilienblüte, die im Sechsstern das himmlische und das irdische Dreieck in der Durchdringung anzeigt. Maria mit dem geborenen Kinde im Arm sitzt aber im Rosenhag – »es ist ein Ros' entsprungen aus einer Wurzel zart« singen wir am Heiligen Abend.

In einen beliebig breiten Papierstreifen einen Knoten machen. Beim Flachdrücken des Knotens darauf achten, dass die Ecken schön spitz werden. Das eine Ende des Streifens an der Fünfeckkante entlang abschneiden, das andere Ende nach hinten umfalten, ebenso abschneiden und leicht ankleben.

Sterne aus Goldfolie

Material: Goldfolie oder Goldpapier

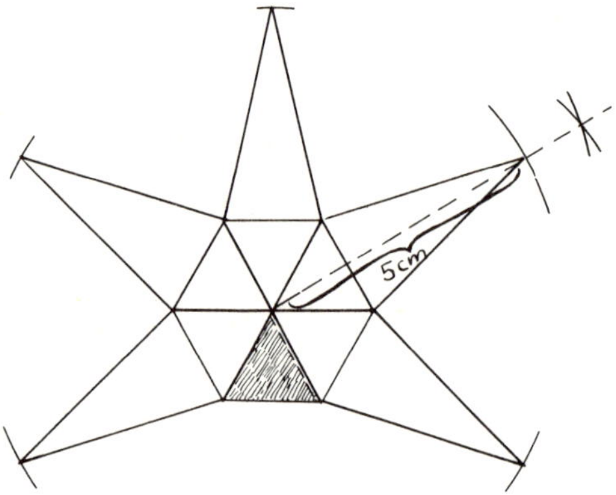

Mit Zirkel und Lineal ein Sechseck zeichnen: Radius (ca. 1,5 bis 2 cm) sechs mal auf der Kreislinie abtragen, die Punkte zum Sechseck und zum Mittelpunkt verbinden.

Die Sechseckseiten halbieren. Die Schnittpunkte mit dem Mittelpunkt verbinden und nach aussen verlängern. Abstand vom Mittelpunkt ca. 5 cm.

Die Aussenpunkte mit den Sechseckpunkten so verbinden, dass die Sternspitzen entstehen. Es werden nur fünf Spitzen ausgeführt, da das sechste Eck zum Unterkleben verwendet wird.

Es empfiehlt sich, die Zeichnung zunächst auf ein Zeichenblatt zu machen und dann die Punkte mit einer Nadel oder Zirkelspitze auf die Goldfolie durchzustechen.

Mit einem harten spitzen Bleistift und einem Lineal die Spitzen zeichnen und das Sechseck ritzen.

Die Spitzen ausschneiden und das Sechseck leicht knicken.

Das Sechstel ohne Spitze bis zum Mittelpunkt einschneiden und unterkleben.

Einen dünnen Faden zum Aufhängen einkleben.

Es können auch zwei Sterne gegeneinander geklebt werden: Spitze auf Spitze oder versetzt.

Strohsternkörper

Material: 30 gleichlange und gleichbreite Stäbchen aus gebügeltem Stroh Alleskleber

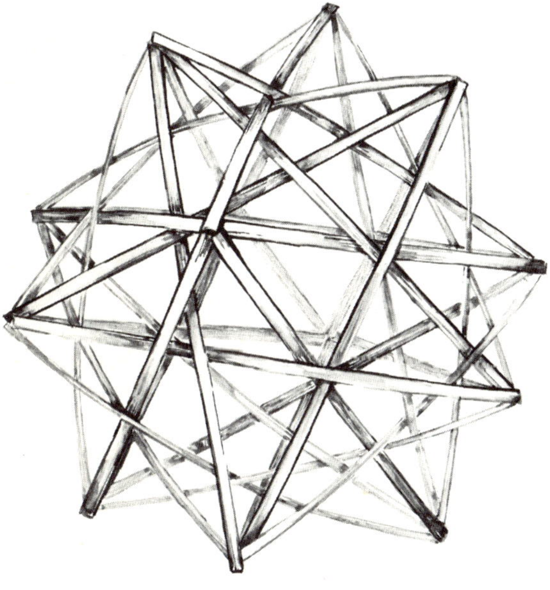

Diese Arbeit erfordert ein wenig Geduld und Geschicklichkeit.

Aus fünf Stäbchen einen Stern kleben. Darauf achten, dass jedes Stäbchen durchgewoben wird, d.h. jeweils unter und über den Schenkeln der Zacke zu liegen kommt (siehe Zeichnung). An den Spitzen die Stäbchen leicht zusammenkleben.

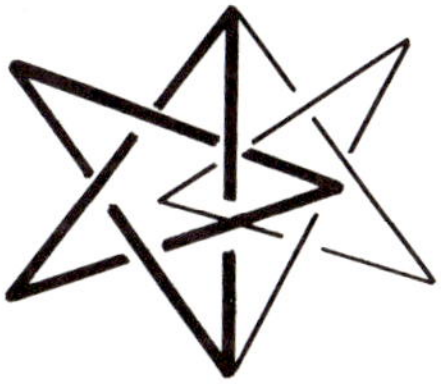

An einem Stäbchen des ersten Sternes wird ein zweiter Stern angebaut und zwar unter dem gleichen Prinzip. Es ragt nun eine Spitze des zweiten Sternes in die Mitte des ersten Sternes herein.
Wenn man an den ersten Stern noch vier weitere angefügt hat, treffen sich die ersten fünf Stäbchen, die man als Spitze oben aufstellt. Nun sind seitlich 5 Spitzen mit erst je vier Stäbchen, an die wird je ein fünftes Stäbchen angeklebt. Diese fünf Stäbchen unten als Spitze zusammenkleben. Die letzten fünf Stäbchen waagrecht einfügen und mit den fünf Dreier-Spitzen verbinden.

Ikosaeder-Stern

Material: 30 Stäbchen aus gebügeltem Stroh je 3 cm lang
60 Stäbchen je 5 cm lang

Zunächst alle Stäbchen an beiden Enden mit einer feinen Schere spitz zuschneiden.
Mit den 30 kleinen Stäbchen einen Ikosaeder kleben, d.h. 10 Dreiecke nebeneinander zur Runde zusammenkleben. Oben und unten spitz zulaufend je 5 Dreiecke kleben. Mit den 60 längeren Stäbchen wird auf jede Dreieckfläche mit je 3 Stäbchen eine Zacke geklebt.

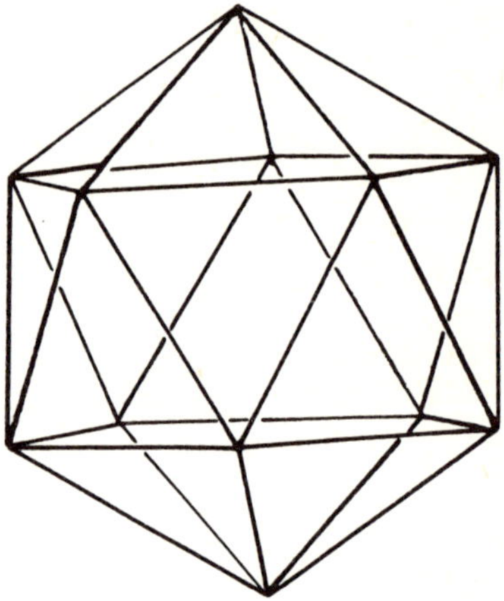

Die Hirtenkrippe

Material: Farbige Stoff- und Filzreste
Fellreste
rosa gefärbtes Trikot
weisse und braune ungesponnene Schafwolle
ungesponnene Shetland- und Kamelhaarwolle

Maria, Josef und Hirten
Etwas feingezupfte weisse Schafwolle wird zu einer Säule aufgewickelt, bei der an einem Ende der Kopf mit einem Faden abgebunden wird.

Aus dickerem Wollstoff oder Filz wird ein nicht zu weit geschnittenes Kleid ohne Ärmel genäht und der Schafwollsäule übergezogen, so dass die Figur stehen kann.
Aus einem rechteckigen Stück blauem Stoff oder Filz den Marienmantel schneiden und am Kopf und Hals mit wenigen Stichen befestigen. Die Hände werden in die Mantelfalten eingenäht.
Der Kopf und die Hände können auch mit Trikot überzogen werden. Augen und Mund lassen sich darauf mit einem Farbstift zart andeuten. (siehe auch »Spielzeug von Eltern selbstgemacht«, Seite 21)

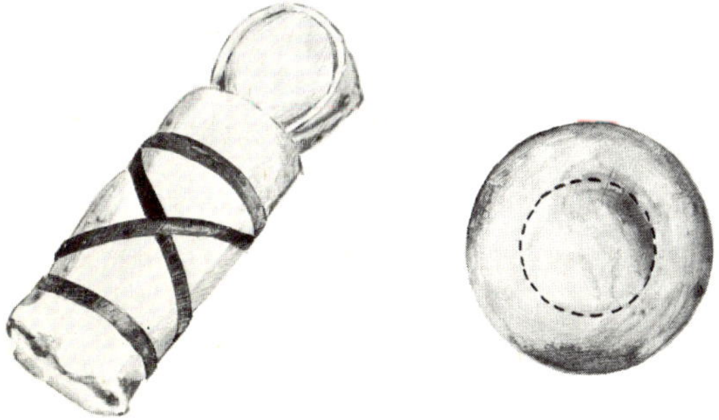

Josef und Hirten erhalten einen Umhang aus Stoff oder Fell, der um die Schultern gelegt wird. Im Nacken und vorne in der Mitte mit wenigen Stichen befestigen. Ein Stock kann hineingesteckt werden.
Aus feingezupfter brauner Schafwolle entstehen *die Haare*, die gleichzeitig mit dem Hut befestigt werden.

Der Hut entsteht aus einem runden Stück Filz. Durch einen etwas angezogenen Kräuselfaden wölbt sich die Hutmitte. Mit wenigen Stichen am Kopf festnähen.

Das Kind kann mit einem Wickeltuch aus hellem Stoff oder Filz und einem Wickelband versehen werden.

Die Schafe können aus einem rechteckig geschnittenen Fellstückchen gearbeitet werden, das von der Schmalseite her eng zusammengerollt und mit einer Ledernadel unten und eventuell an den Enden zugenäht wird. Etwa ein Drittel wird als Kopf fest abgebunden. Nun muss das Schäfchen zuerst beschnitten werden, wodurch es seine rechte Form erhält. Aus feinem Leder oder Filz werden die Ohren angenäht.

Ochs und Esel können auf verschiedene Weise entstehen:

1. Ein kleiner Strang gekämmte ungesponnene Shetlandwolle wird an den Enden nach innen geschlagen und mit dünnem Faden und einigen lockeren Stichen zu einem liegenden Eselein geformt. Die Ohren werden nur vorsichtig herausgezogen.
Für das Öchslein ist Kamelhaar- oder hellbraune gekämmte Schafwolle geeignet.

2. Mit Sisaldraht kann die Tierform gebogen werden, die dann mit ungesponnener grauer oder brauner Wolle umwickelt wird.

Der Stall kann aus Rindenhölzern und grossen Rindenstücken für das Dach gebaut werden. Beim Ausgestalten der Krippe mit Stroh, Moos, Pflanzen, Steinen u.a. kann jeder die schönsten Ideen entfalten.

Die Königskrippe

Um die Krippenfiguren im Sinne des Vorwortes (Seite 7) deutlich voneinander zu unterscheiden, empfiehlt es sich, für die königliche Maria statt Filz einen weichfallenden Stoff für das Gewand zu verwenden. Sie bekommt einen goldenen Reif. Gemäss alter Überlieferungen hat sie das Kind auf dem Schoss.
Hatte der Josef bei den Hirten ein braunes Gewand, so ist jetzt ein Gewand aus braunem und violettem Stoff geeignet.

Material: Schafwolle ungesponnen
(weiss, braun, schwarz)
Sisaldraht
weissen Stoff für die Gewänder
Goldfolie für Kronen
Holzstämmchen

Die Köpfe werden aus Schafwolle geformt und mit zartfarbenem rosa Trikot überzogen. Mit Farbstiften können Augen und Mund angedeutet werden. Die Hände werden ebenfalls mit Trikot überzogen.
Für die *Könige* und den *Engel* kann ein Holzstämmchen genommen werden, auf welches die obere Figurenhälfte – aus Sisaldraht geformt – aufgenagelt wird. Die Drahtenden werden in den mit Trikot über-

zogenen Kopf gesteckt. Den oberen Rumpf dick und die Arme ganz leicht mit weisser Schafwolle umwickeln. Auf diese Weise ist ein guter Stand der Figur gewährleistet und sie kann mit einem locker fallenden Gewand bekleidet werden. Die Arme können zum Tragen der Königsgaben oder der Sternstange entsprechend gebogen werden.

Die *Kleider* aus weissem Stoff nähen. Für die Könige eine rote, grüne und blaue Stola nähen. Der Engel bekommt ein Goldband, das über der Brust gekreuzt verläuft, und einen Gürtel.

Nun erst werden die Haare und Bärte aus feingezupfter Schafwolle aufgenäht:
Blauer König – weiss
Roter König – braun
Grüner König (Mohr) – schwarz

Die Könige erhalten eine Zackenkrone aus Goldfolie, der Engel einen Goldreif mit Stern.

Transparente

von Anke-Usche Clausen

Die Seidenpapier - Transparente von Anke-Usche Clausen sind in jahrzehntelanger Arbeit an der Waldorfschule in Hannover entwickelt worden. Alljährlich werden von den Schülern – je nach Alter – einfache Farbkompositionen oder grosse Farbfenstergestaltungen gearbeitet.

Die Art der Transparente aus locker und duftig geschichtetem und leicht gekräuseltem Seidenpapier zwischen zwei weissen Transparentpapierbogen lassen in besonderer Weise reiche nuancierte Farbstimmungen entstehen. An die Stelle festlegender Konturen treten differenzierte Farbübergänge, die den Eindruck eines bewegten Farbenspiels erwecken, in dem die Gestalten leben.

Wenn man die Farben ihrem Wesen entsprechend in der Komposition eines Bildes einsetzt (z.B. das Rot, als aktive Farbe springt einem entgegen, das Blau zieht den Beschauer innerlich in die Ferne), so entsteht eine lebendigere Gestaltung und Räumlichkeit. Bei der Darstellung eines Waldes z.B. wird man den vorderen Bäumen einen rötlicheren und den dahinterliegenden einen bläulicheren, abgetönteren Charakter geben. Es entsteht eine Farbraumtiefe.

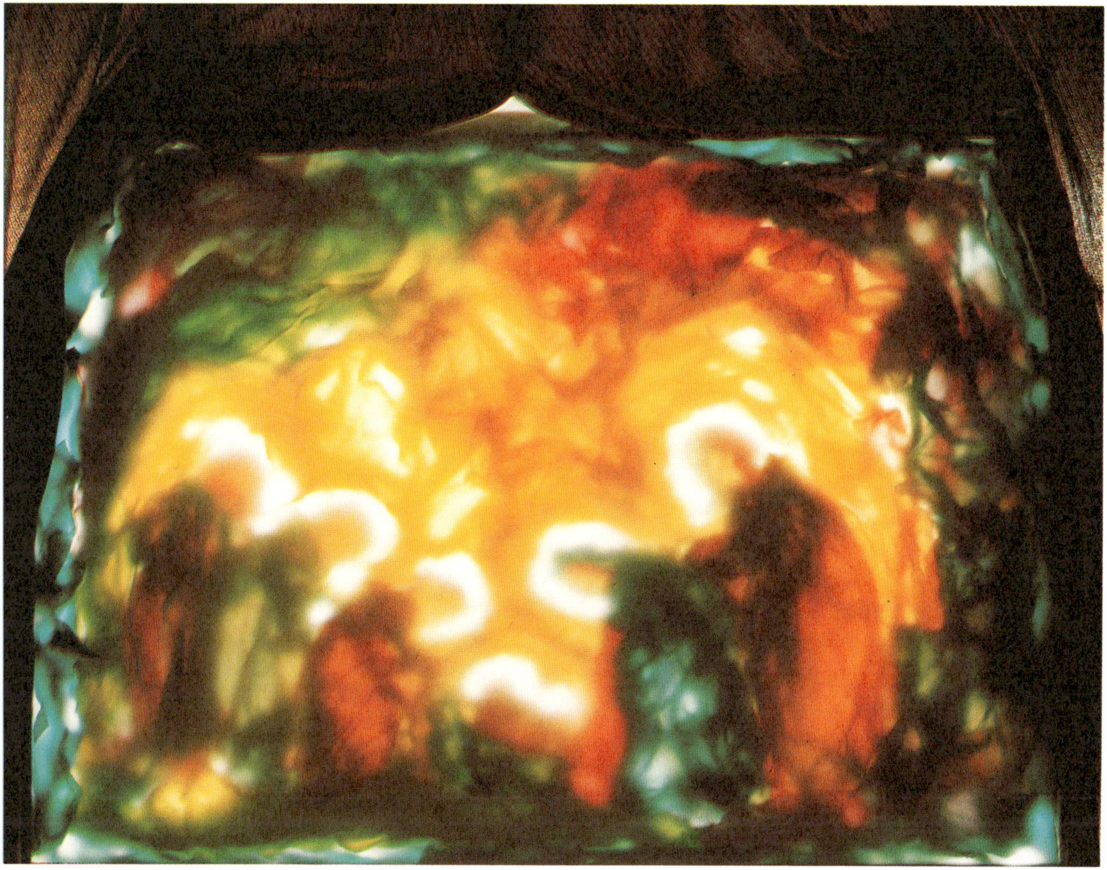

Je nach Blick und nach wandernder Lichtquelle, die rechtwinklig oder schräg einfällt, entstehen in dem Zwischenraum viele neue Farbschatten, die die Stimmung des Farbbildes verändern können. Dies alles wirkt bei längerem Betrachten sowohl anregend auf das Farbempfinden und die Phantasiekraft als auch beruhigend, da es tieferliegende Schichten im Menschen ergreift.
Unter Verwendung von pflanzengefärbter Schafwolle oder Seidenschleiern ergeben sich weitere Möglichkeiten in der gleichen Technik zu arbeiten. (Besonders zu empfehlen für Puppenspiel-Kulissen).Ebenso sind Bilder geeignet, die mit Wachsblöcken oder -stiften auf Transparentpapier gemalt werden. Für den Malvorgang ist eine von unten durch eine Lampe erwärmte Glasplatte besonders zu empfehlen.
Ein Bogen weisses Transparentpapier als Untergrund für das Transparent wird an den Ecken mit Tesafilm an einer Fensterscheibe befestigt. (Andere Möglichkeiten bieten: eine schräggestellte Glasplatte vor einer elektrischen Lampe oder eine Glasplatte auf einem Karton, in dem eine Lampe steht).

Material: 2 Bogen weisses Transparentpapier
Seidenpapier in vielen Farben möglichst die reinen Grundfarben in mehreren Abstufungen. Fehlende Farbtöne können leicht mit Aquarellfarbe und einem weichen Schwamm selbst eingefärbt werden.
Goldkarton für den Rahmen
Pelikanol

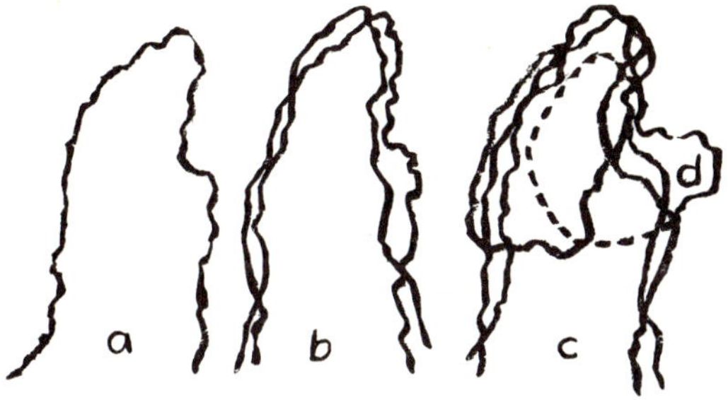

Die Technik dieser Transparente hat keinen Scherenschnittcharakter. Das Seidenpapier wird also nicht flach aufeinandergelegt, sondern plastisch gearbeitet. Man reisst (nicht schneiden) ein grösseres oder kleineres Stück Papier, knüllt es und breitet es wieder aus, dann kräuselt und schiebt man es zusammen (nicht knicken) und klebt es an einigen Stellen mit Pelikanoltupfer auf dem Untergrund auf. Durch dieses wellige Zusammenschieben, das durchscheinend bleibt, erreicht man die Differenzierung der Farben. Weitere Abstufungen gewinnt man durch stufenweise Überdeckung der einen Farbfläche mit der anderen. Will man Menschen oder Tiere gestalten, so lege man sich erst die Gesamtstimmung des Transparents an und spare sich den Platz dafür aus. Jede Gestalt muss sich dann farbig gut einfügen und von der Umgebung aufgenommen werden. An einigen Stellen braucht eine Gestalt vielleicht Übergänge, an anderen stösst sie gegen eine andere Farbe.
Die Menschen- oder Tiergestalt reisst man immer etwas grösser und breiter als sie werden soll, da man das Zusammenschieben der Flächen berücksichtigen muss. Mindestens zwei nicht ganz deckungsgleiche Schichten des Seidenpapieres geben eine gesättigtere Farbstärke.

Bei einer Menschengestalt lässt sich die Abtönung leicht machen, z.B. beim Schäfer. Man reisst die Gewandung der gesamten Figur, knüllt diese, schiebt sie etwas zusammen und klebt sie locker auf dem Untergrund an. Dann reisst man ein etwas kleineres, schmaleres Stück, überdeckt es nicht ganz und klebt es locker darüber. Ein drittes, kleineres Stück ergibt die Vertiefung der Farbe nach hinten zu (wie einen Umhang). Der Kopf wird mit zartem Rosa evtl. als runder oder länglicher Fleck gerissen. Man bestreicht ihn ein wenig mit Pelikanol und schiebt ihn beim Aufkleben an bestimmten Stellen- über und unter der Nase und am Mund etwas zusammen. So gibt es dort leicht verstärkte, rosa Farbabtönungen, und der Mensch bekommt ein »Antlitz«. Die »Haarfläche« reisst man mit einem anderen Farbpapierfleck (rötlich, gelblich, hellblau-wasserblau, usw.) knüllt diesen und klebt ihn an einigen Stellen an, ebenso entsprechend den Hut beim Schäfer oder die Kappe (von oben zum Rand hin eine Art Falte schieben, dadurch verstärkt sich der Hut zum Rand zu). Arme klebt man nicht dünn drauf als »Würste«, sondern lässt diese als breit-schmalere Fläche zwischen die erste und zweite Schicht geschoben etwas herausgucken. Wellig kleben.

Das fertig gestaltete Bild wird hinter einen Holz- oder Pappstreifenrahmen (je nach Grösse des Transparentes ca. 0,5 bis 2 cm tief) geklebt. Dann wird die vordere Seite mit dem zweiten weissen Transparentpapierbogen bezogen. Immer die gegenüberliegenden Seiten zuerst festmachen.
Verwendet man für den Rahmen Goldkarton, so wird in gewünschter Form ein Fenster herausgeschnitten, das mit dem 2. Transparentpapierbogen hinterklebt wird. Um den Fensterausschnitt auf der Rückseite wird ein 5-10 mm dickes Papierröllchen aufgeklebt, auf welches nun das vorher gearbeitete Transparent geklebt wird.

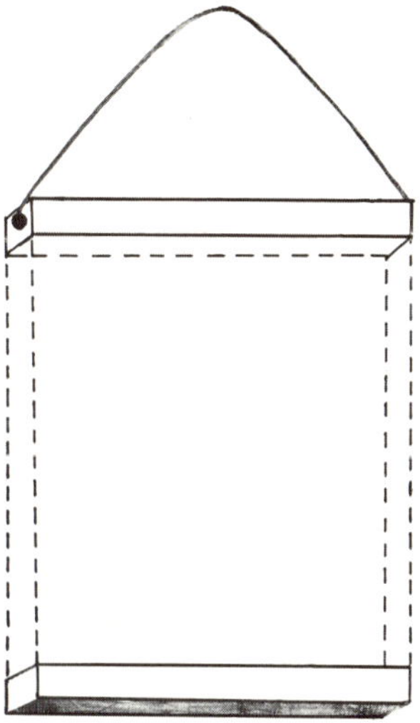

Transparente

nach Gerda Funhoff

Die folgenden Transparente wurden aus einer Fülle von Motiven ausgewählt, die Gerda Funhoff in jahrzehntelanger Erfahrung mit der Scherenschnitt-Technik und im Umgang mit farbigem Papier entwickelt hat. Die sorgfältige Arbeitsanleitung wird rasch mit der Technik vertraut machen, so dass erfahrungsgemäss dann jeder in freier Weise eigene Motive selbständig gestalten kann.

In der gleichen Papiertechnik hat Gerda Funhoff in Wuppertal eine umfangreiche Märchenbühne (farbiges Schattenspiel) aufgebaut.

Material: Drachenpapier besonders in folgenden Farben: Gelb (hell und dunkel); Karminrot; Blau (in drei verschiedenen Tönen); Violett (in zwei verschiedenen Tönen); Rosa; Grün.
Plakat – Goldkarton
Alleskleber (nicht tropfend)

Arbeitsmittel: Kleine spitze Schere,
Zirkel, Kartonage- Messer
zum Ausschneiden besonders des Rahmenfensters.

Sternen – Maria

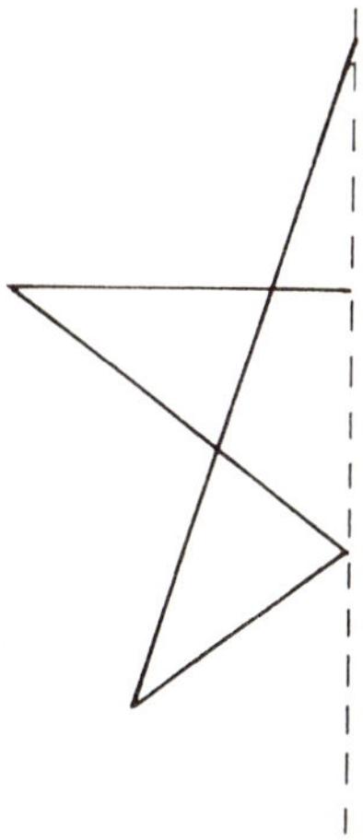

Grundformat: ca. 17 : 25 cm
Untergrund: 1 Doppelbogen dunkelgelbes Papier
2 Doppelbogen hellgelbes Papier

Um den dunkelgelben Doppelbogen einen der beiden hellgelben Doppelbogen legen. Einen Radius von ca. 6 cm in den Zirkel nehmen, etwa 2 cm ausserhalb der unteren Papierkante einstechen und einen Sonnenbogen zeichnen. Den Radius dann jeweils um ca. 0,7 cm verkleinern und drei weitere Sonnenbögen zeichnen.
Den kleinsten Sonnenbogen aus allen vier Schichten ausschneiden, den nächst grösseren aus den drei oberen Schichten usw., so dass eine vierfache Abstufung entsteht.
Ca. 8 cm vom oberen Rand und etwas nach links von der Mitte verschoben einen Kreis mit einem Radius von ca. 3 cm zeichnen. Anschliessend den Hintergrund für die Mariengestalt zeichnen und beides aus allen vier Schichten ausschneiden.
Die Sterne markieren und im Faltschnitt aus allen vier Schichten ausschneiden.
Ohne Rücksicht auf die Sterne den oberen Teil des Marienhintergrundes zunächst aus der zweitobersten, dann aus der obersten Schicht jeweils etwas vergrössert herausschneiden.

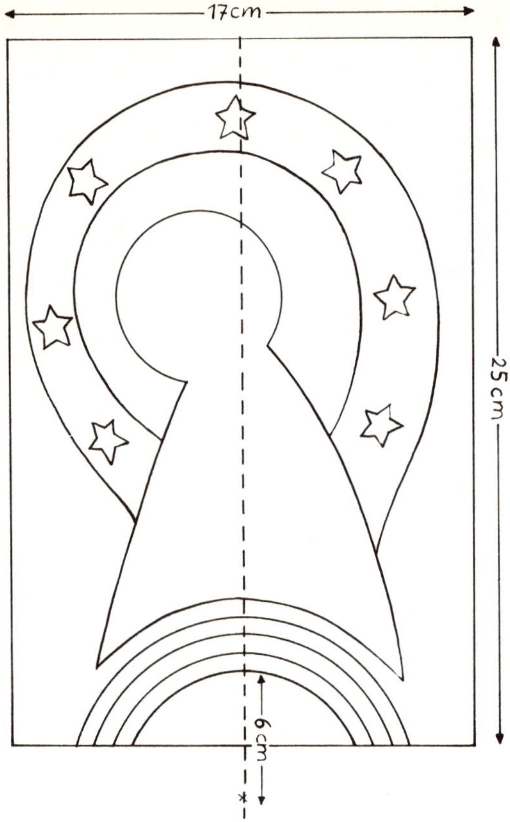

Um die bisher verarbeiteten Doppelbogen nun den zweiten hellgelben Doppelbogen legen, auf den jetzt die Mariengestalt gearbeitet wird.

Den Marienmantel zunächst so falten, dass der Kopf etwas nach vorne geneigt in den hellsten Untergrund passt und Rücken und Saum die Schnittkanten des hellen Grundes wenige Millimeter überdecken.

Das Marienkleid, das Gesicht und die Hand schneiden und an den Mantel kleben.

Die ganze Mariengestalt zunächst nur am Kleid und Gesicht aufkleben.

Den gelben Hintergrund unter dem Marienmantel bis auf einen winzigen Kleberand herausschneiden.

Den Marienmantel an den Rändern aufkleben und mit weissem Papier hinterkleben.

Den Rahmen aus Goldkarton schneiden.

Das Transparent hinterkleben und die einzelnen Schichten an den äusseren Schnittkanten sorgfältig aufeinanderkleben.

Die punktierte Linie des Rahmens wird auf der Goldseite leicht eingeritzt, die Seitenteile können dadurch leicht nach hinten gebogen werden.

Adventsschiff

Grundformat: ca. 12 : 22 cm

Untergrund: 1 Doppelbogen dunkelgelbes Papier
2 Doppelbogen hellgelbes Papier
Format: ca. 12 : 11 cm. Dies ergibt die obere Hälfte des Transparentes. Für die untere Hälfte werden verschiedene blaue und violette Papiere benötigt.

Um den dunkelgelben Doppelbogen einen der beiden hellgelben Doppelbogen legen; zart eine senkrechte Mittellinie falten.

Einen Radius von ca. 1,5 cm in den Zirkel nehmen, etwa 5,5 cm von der oberen Papierkante auf der Mittellinie einstechen und einen Kreis zeichnen. Den Radius dann jeweils um ca. 0,6 cm vergrössern und drei weitere Kreise zeichnen.

Im Faltschnitt den kleinsten Kreis aus allen Schichten den nächst grösseren aus den drei oberen Schichten usw. herausschneiden. Es entsteht so eine vierfach abgestufte Sonne.

Unterhalb der Sonne Horizontlinien in Wellenform zeichnen und abgestuft ausschneiden. Bei der obersten Schicht ist die Welle hoch geschwungen, bei den folgenden wird sie immer flacher.

Die bisher verarbeiteten Doppelbogen nun

in den zweiten hellgelben Doppelbogen einlegen und diesen etwas unterhalb der letzten Horizontlinie wellenförmig abschneiden.
Das Kleidchen für das Kind so falten, dass die Falten am Hals spitz zulaufen und nach unten breiter werden. Fertige Länge ca. 5 cm. Rotes Papier.
Die Haare aus zwei hellgelben nicht ganz deckungsgleichen Schichten schneiden. Das Gesicht und die Hände aus doppelt geklebtem rosa Papier schneiden.
Das ganze Kind so aufkleben, dass der Kopf etwas geneigt im Mittelpunkt der Sonne ist.
Das Schiffchen aus dreifach geklebtem Papier schneiden und aufkleben.
Die Wellen aus einem über die ganze Breite des Transparents reichenden Streifen schneiden, und zwar wird die obere und untere Kante wellenförmig geschnitten. Mit dem helleren Blau beginnen und ein wenig in das Gelb hineinragend aufkleben. Jede Wellenschicht wieder anders schneiden und entweder davor oder dahinter kleben. Nach unten zu dunkelblaue und violette Töne verwenden. Um die Gesamthöhe des Transparentes zu erreichen, sind etwa sieben Wellenschichten notwendig.
Den Rahmen wie bei der Sternen-Maria anfertigen.

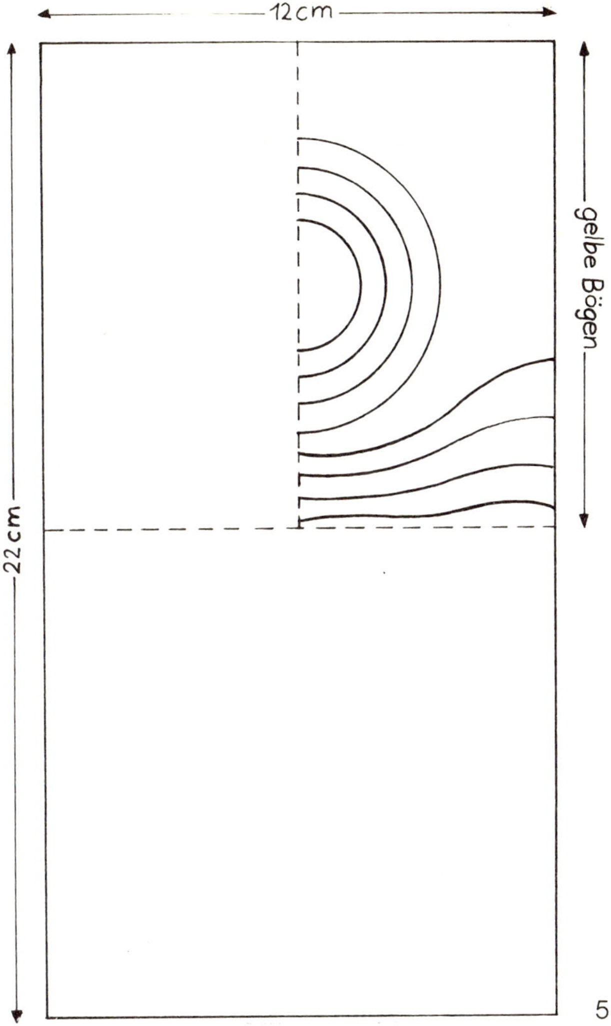

Maria und Josef an der Krippe

Grundformat ca. 35 : 25 cm

Untergrund: 1 Doppelbogen dunkelgelbes Papier
2 Doppelbogen hellgelbes Papier
1 einfacher Bogen hellgelbes Papier
Falz nach oben nehmen

Den dunkelgelben Doppelbogen in einen hellgelben Doppelbogen einlegen.
Etwa 3 cm von der oberen Kante aus allen vier Schichten einen Stern im Faltschnitt ausschneiden. Jeweils die unterste Schicht wegnehmen und aus den oberen Schichten den Stern etwas vergrössernd nachschneiden.
Aus den drei obersten Schichten den ersten Hintergrundsbogen im Faltschnitt ausschneiden, dann an den folgenden Schichten jeweils den Bogen vergrössern.
Die Heiligenscheine und lichten Figurenumrisse von Maria, Josef und der Krippe aufzeichnen, aber nur den um die Krippe ausschneiden.
Den einfachen Bogen hellgelbes Papier nur an der oberen Kante dahinterkleben.
Aus der oberen Hälfte des Heiligenscheines um die Krippe im Faltschnitt ca. vier Strahlen herausschneiden.

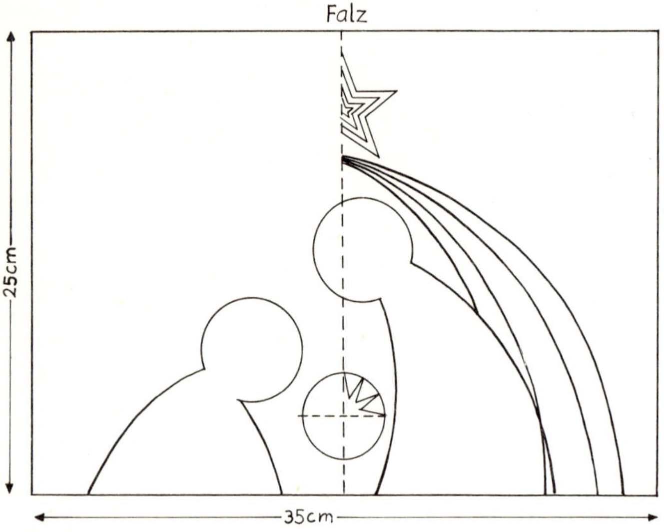

Jetzt die lichten Figurenumrisse von Maria und Josef aus den zwei untersten Schichten herausschneiden (ohne Rücksicht auf die Bogen).

Die bisher verarbeiteten Schichten in den zweiten hellgelben Doppelbogen einlegen.

Die Krippe aus dreifachgeklebtem violettem Papier ausschneiden und aufkleben.

Das Kind aus dreifachgeklebtem rosa Papier ausschneiden und aufkleben.

Den Marienmantel falten und Gesicht, Kleid und Hand darankleben.

Marienfigur nur an den Rändern etwas aufkleben. Den gelben Hintergrund unter dem blauen Mantel bis auf einen schmalen Kleberand wegschneiden und mit weissem Papier hinterkleben.

Den Josefmantel falten und aufkleben; ebenso Hut, Gesicht, Bart und Hand. Den Stock bei Mantel und Hand aussparen.

Den Rahmen aus Goldkarton schneiden und das Transparent hinterkleben.

Kleine Maria

Grundformat ca. 10 : 10 cm
Untergrund: 1 Doppelbogen dunkelgelbes Papier
2 Doppelbogen hellgelbes Papier
Format: ca. 11 : 11 cm
(Geeignet sind die Ecken, die beim Rahmen des Krippentransparentes abfallen).

Den dunkelgelben Doppelbogen in den hellgelben Doppelbogen einlegen. Die rechte untere Ecke in leichtem Bogen abschneiden.
Einen Radius von 1 cm in den Zirkel nehmen und einen Kreis zeichnen, der auf dem Bogen aufsitzt. Den Radius um ca. 0,5 cm jeweils erweitern und drei weitere Sonnenbögen zeichnen. Den Mittelpunkt beibehalten.
Den kleinsten Kreis aus allen vier Schichten herausschneiden, den nächst grösseren aus den drei oberen Schichten usw.
Die vier Schichten in den zweiten hellgelben Doppelbogen einlegen.
Das Marienkleid besteht aus fünf verschiedenen Schichten:

a) aus hellerem Blau den ganzen Mantel schneiden
b) aus mittlerem Blau den ganzen Mantel schneiden und von unten nach oben

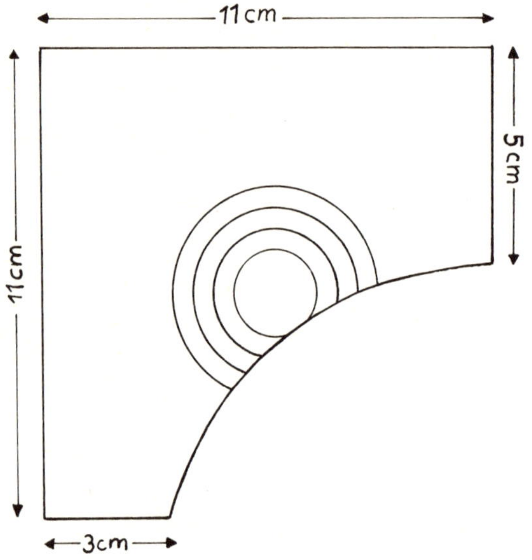

spitz zulaufend ca. drei Falten einschneiden, auf die erste Schicht kleben.

c) Aus mittlerem Blau einen Schleier ausschneiden, der die Grundform des Mantels hat, nur den Schoss nicht mehr bedeckt. Falten wie bei (b) einschneiden und auf die beiden Schichten aufkleben.

d) Aus mittlerem Blau wieder einen Schleier schneiden, aber etwas kürzer und ohne Falten.

e) Aus mittlerem Blau noch einmal einen ganzen Mantel schneiden und obendraufkleben.

Das Marienkleid (rot), das Kind (rosa) und das Mariengesicht schneiden und an den Mantel vorne ankleben.

Den Rahmen zuschneiden.

Maria und Sonnenhintergrund so aufeinanderkleben (nur ganz am Rand), dass das Kind in der innersten Sonne ist. Dabei in den Rahmen halten.

Hinter dem Marienmantel die gelben Schichten bis auf einen kleinen Rand wegschneiden und mit weissem Transparentpapier hinterkleben.

In den Rahmen kleben.

Literaturhinweise:

Rudolf Steiner
Das Wesen der Farbe
Grundzüge einer geisteswissenschaftlichen Farbenlehre für das künstlerische Schaffen
3 Vorträge, Dornach 1921, Ga 291

Goethe; Farbenlehre
Mit Einleitungen und Erläuterungen von Rudolf Steiner
Herausgegeben von Gerhard Ott und Heinrich O. Proskauer
Drei Bände in Kassette, Stuttgart 1979

A.-U. Clausen/M. Riedel
Plastisches Gestalten
Methodisches Arbeitsbuch
Band 2, Stuttgart 1969

A.-U. Clausen/M. Riedel
Schöpferisches Gestalten mit Farben
Methodisches Arbeitsbuch Band 4
2. Auflage, Stuttgart 1977

Bezugsquellen:

Ungesponnene Schafwolle:

Fa. HWG
Dr. Heinrich Pabst und Co. KG
Hauptstrasse 31
D-5250 Engelskirchen 2
Ründeroth

Kardierte Wolle:
Shetland/grau, Kamelhaarmischung:

Konrad u. Traudel Sitzinger
Aichelbergweg 2
D-7325 Eckwälden

Transparent-und Seidenpapier:

Rudolf Dörfler
Unterer Zielweg
CH-4143 Dornach

Literatur zur Advents- und Weihnachtszeit:

M. Garff, Das Öchslein und das Eselein, Verlag Die Pforte, Basel

L. Gross-Anderegg, Die Weihnachtsgeschichte nach Lukas. Zbinden-Verlag, Basel

L. Gross-Anderegg, Die Weihnachtsgeschichte nach der Legenda aurea und nach Matthäus. Zbinden-Verlag, Basel

G. Gunnarsson, Advent im Hochgebirge. Reclam, Stuttgart

M. Kasuya, Bethlehem. Atlantis, Freiburg

M. Kasuya, Un jour à Bethléem. Cerf, Paris

S. Lagerlöf, Geschichten zur Weihnachtszeit. Nymphenburger, München

S. Lagerlöf, Christuslegenden. Nymphenburger, München

A. Lindgren, Weihnachten in Bullerbü. Oetinger, Hamburg

E. Klein, Und als die Zeit erfüllet war. Novalis Verlag, Schaffhausen

A. Petersen, Der Sonnengarten. Märchen um Christus. Rose-Verlag, Seebruck

A. Remisow, Stella Maria Maris. Mellinger-Verlag, Stuttgart

P. Rosegger, Als ich noch der Waldbauernbub war. Staackmann

O. Schlisske, Apfelmus und Mandelkern. Kreuz-Verlag, Stuttgart

G. Sehlin, Marias kleiner Esel. DTV, München

A. Stifter, Bergkristall. Reclam, Stuttgart

J. Streit, Dreikönigsbuch. Novalis-Verlag, Schaffhausen

R. Treichler, Der letzte König. Mellinger-Verlag, Stuttgart

J. Streit, Kindheitslegenden Verlag Freies Geistesleben, Stuttgart

Werkbücher für Kinder, Eltern und Erzieher

Heft 1
Wir spielen Schattentheater

Anregungen für eine einfache Bühne, kleine Szenen und zwei Märchenspiele illustriert und zusammengestellt von Erika Zimmermann
2. Auflage, 62 Seiten, kartoniert.

China, Indonesien ... – das Schattentheater gehört zu den ältesten spielerischen Betätigungen des Menschen und regt Kinder zu phantasievoller, kreativer Tätigkeit an: unser Schattentheater kann mit sehr einfachen Mitteln von Kindern selbst gebaut und gespielt werden. Dazu gibt das Bändchen reiche Anregungen – vom Schattenraten mit einfachen Gegenständen bis zu kleinen Märchenspielen mit wenigen Figuren und leichten Texten.

Heft 3
Bilderbücher mit beweglichen Figuren

Anregungen und Anleitung zum Selbermachen von **Brunhild Müller.**
2. Auflage, 60 Seiten, kartoniert.

Das Bilderbuch muß aus den menschenkundlichen Grundlagen des Kindes heraus gestaltet werden. Dabei zeigt es sich, daß das Kind die Formen eines Bildes erst allmählich aus den bewegenden, regsamen Bildekräften seiner inneren Natur erfaßt. Aus diesem Grunde sind bewegliche Bilderbücher, in denen das Kind eine erzählte Geschichte selbst aktiv ausführen kann, der frühen Kindheit angemessener.

Arbeitsmaterial aus den Waldorfkindergärten

1 **Spielzeug – von Eltern selbstgemacht**
Von *Freya Jaffke*
12. Aufl., 58 Seiten mit vielen Zeichnungen

2 **Getreidegerichte – einfach und schmackhaft**
von *Freya Jaffke.* 8. Aufl., 52 Seiten

3 **Färben mit Pflanzen**
Textilien selbst gefärbt. Historisches und Rezepte für heute, dargestellt und illustriert von *Renate Jörke*
3. Auflage, 72 Seiten, kartoniert

4 **Singspiele und Reigen**
für altersgemischte Gruppen. Aus dem Waldorfkindergarten Hamburg zusammengestellt von *Suse König.* 3. Auflage, 56 Seiten

5 **Kleine Märchen und Geschichten**
zum Erzählen und für Puppenspiele. 4. Auflage, 55 Seiten

6 **Rhythmen und Reime**
Gesammelt bei der Vereinigung der Waldorfkindergärten Stuttgart. 3. Auflage, 64 Seiten

7 **Puppenspiel**
Anleitungen für die Einrichtung verschiedener Spielmöglichkeiten und die Herstellung einfacher Figuren
Von *Freya Jaffke.* 75 Seiten, kartoniert

VERLAG FREIES GEISTESLEBEN STUTTGART